AF233195

LE SCRUTIN DE LISTE

PAR CIRCONSCRIPTIONS

PARIS. — IMP. SIMON RACON ET COMP., RUE D'ERFURTH, 1

LE SCRUTIN DE LISTE

PAR CIRCONSCRIPTIONS

PAR

M. HILAIRE DE LACOMBE

PARIS

LIBRAIRIE DE CHARLES DOUNIOL ET Cⁱᵉ, ÉDITEURS

29, RUE DE TOURNON, 29

1874

LE SCRUTIN DE LISTE

PAR CIRCONSCRIPTIONS

Dans une de ses premières délibérations, la Commission des lois constitutionnelles avait corrigé le scrutin de liste sans l'abolir ; elle l'avait à la fois respecté et réglé : elle avait décidé que, maintenu en principe dans l'exercice du suffrage universel, il cesserait d'être uniformément appliqué à tous les départements, quels que fussent l'étendue de leur territoire, le chiffre de leur population et la variété de leurs intérêts, et que désormais il serait limité à des circonscriptions plus égales.

A nos yeux, la Commission des lois constitutionnelles avait fait acte de sage et bonne politique. Il nous a paru regrettable que, revenant sur son équitable transaction, elle ait substitué au scrutin de liste, ainsi mitigé, le scrutin individuel d'arrondissement ; il nous semble désirable que, devant l'Assemblée nationale, le projet primitif, que, après l'avoir proposé, la Commission a elle-même écarté, soit remis en discussion et finisse par prévaloir.

Qu'au sein d'un État ordonné et tranquille, dans le calme profond de la vie d'un peuple, le scrutin d'arrondissement soit plus simple, plus logique et plus naturel ; qu'il permette mieux à l'électeur de juger son élu, de le nommer à coup sûr, en pleine connaissance de cause ; qu'il offre une représentation plus minutieusement exacte et comme un miroir plus fidèle des mille mouvements divers dont se compose un esprit public, nous n'avons même pas à l'examiner ici. Les temps troublés où nous sommes, la crise obscure où se traînent péniblement les destinées de la France, nous défendent, hélas ! toute comparaison avec les jours fortunés dont nous venons d'évoquer l'image.

Que, d'un autre côté, le scrutin de liste, lorsqu'il s'étend à des agglomérations disproportionnées de candidats et de votants, mérite toutes les critiques dont ses adversaires [1] l'ont accablé; qu'il devienne, comme ils l'ont dit, *une duperie et une fraude*, une mêlée confuse, le jeu de l'intrigue et du hasard, l'aveugle instrument de cette puissance aveugle qui s'appelle le nombre, nous n'aurons garde également de le contester. Ce que, dans ses *Vues sur le gouvernement de la France*, le duc Victor de Broglie dénonçait avec toute la véhémence de sa pensée originale et tranchante, c'étaient précisément ces excès, c'était le scrutin de liste avec un nombre illimité de noms [2] ; bien des années auparavant, sous la monarchie constitutionnelle, M. Duvergier de Hauranne, tout en préférant au scrutin de liste le scrutin par arrondissement, avait reconnu que « les inconvénients du premier se trouvent considérablement atténués quand le nombre des candidats à élire ne dépasse pas trois ou quatre, et quand ceux qui doivent les élire sont assez voisins pour avoir les uns avec les autres des rapports continus [3]. »

Nous contredirons moins encore, s'il est possible, quiconque, estimant le scrutin de liste défectueux avec une quantité trop grande de noms, le réputera détestable dans toutes ces élections partielles où, pour un nom, un seul, il met en branle les populations de tout un département. Il lui manque alors ce qui peut faire son efficacité, ce qui fait sa raison d'être : une liste revêtue de plusieurs noms se prêtant un mutuel appui ; de telle sorte que l'on a, sans leurs avantages réciproques, tous les abus et tous les dangers du scrutin collectif et du scrutin individuel, du même coup condensés et multipliés. Le scrutin de liste sans une liste est une contradiction pleine de mensonges et de périls. Là-dessus, pas de doute à concevoir, pas de ménagements à garder ; le scandale est criant, il trouble la sécurité et offense la moralité d'une nation, il faut qu'il disparaisse : pour cela, une simple mesure législative est suffisante ; il doit être décrété que des élections partielles n'auront lieu dans un département que

---

[1] Le duc de Broglie, dans son discours à la Chambre des pairs, prononcé en 1820, et dans son ouvrage posthume : *Vues sur le gouvernement de la France*. — M. le marquis de Castellane, député du Cantal, dans son *Essai sur l'organisation du suffrage universel*.

[2] « Demandez à l'homme le plus éclairé, le plus intelligent, le plus réfléchi, de se choisir simultanément vingt ou trente représentants, de porter simultanément sur son bulletin vingt ou trente noms, il y sera fort embarrassé :... c'est tout au plus s'il y en a cinq ou six qui soient véritablement l'objet de son choix. » *Vues sur le gouvernement de la France*, ch. Ier, p. 58.

[3] *De la réforme parlementaire et de la réforme électorale*, par M. P. Duvergier de Hauranne, député du Cher, ch. V, p. 212. Paris, 1847.

si ce département a perdu, par démission ou par décès, le tiers ou le quart de sa députation.

Mais, ces réserves faites, nous espérons pouvoir établir par quelques propositions, à notre avis, irréfragables, que, tout bien considéré, à l'heure actuelle, dans la situation présente de notre pays, le scrutin de liste avec peu de noms, réduit à des circonscriptions qui seraient elles-mêmes réparties dans les départements en raison de la population, du territoire et des contributions, est préférable au scrutin par arrondissement.

Ce n'est ni une doctrine absolue, ni une théorie abstraite que nous prétendons émettre : la politique est une science expérimentale, toute semblable à celle du capitaine sur un champ de bataille ou du marin au milieu des flots, elle doit s'accommoder aux circonstances, son grand art est d'ajuster ses combinaisons mobiles avec les besoins changeants des sociétés. Maxime d'État, vraie sous tous les régimes, plus vraie encore sous un régime comme le nôtre, où rien n'est fixe ni formé, où la France se débat en travail et en peine d'un mode de gouvernement, qui ne s'aperçoit pas encore ! M. Berryer aimait à raconter qu'un jour, à ses débuts dans les Assemblées, il avait entendu M. Royer-Collard, déjà maître de toute sa gloire, lui dire : « Si j'avais à faire une loi électorale, je voudrais m'élever au-dessus de terre, dans une sphère inaccessible et sereine, loin de toutes les passions des hommes. — Et moi, s'était permis de répondre le jeune interlocuteur, je voudrais descendre au fond même de ces passions, y plonger, les pénétrer, non pas pour m'y asservir en les caressant, mais pour y satisfaire en les réglant. » C'était M. Berryer qui avait raison : le puissant orateur, si profondément mêlé par la curiosité ardente de son esprit, par la vaste sympathie de sa grande âme, par les goûts et les labeurs de sa vie, à tous les intérêts de son temps, voyait plus clair et pensait plus juste que l'éminent philosophe, trop adonné au culte des idées pures.

I

LE SCRUTIN DE LISTE EST PLUS FAVORABLE QUE LE SCRUTIN D'ARRONDISSEMENT
AU PARTI CONSERVATEUR.

Le mal des conservateurs, la cause la plus active de leur croissante faiblesse, ce sont leurs divisions; doléance banale qui se répète toujours et qui ne s'écoute même plus : les économistes parlent du morcellement du sol; combien plus morcelé est l'esprit de la France !

Chaque révolution qui a passé sur notre pays a dressé à la hâte, au milieu de nos ruines, un gouvernement qui, s'ajoutant bientôt lui-même à ces ruines, a laissé pour trace de son règne éphémère un parti, souvent même un nouveau parti conservateur. Vienne donc le jour des élections, tous ces partis vont se lever, tenter la fortune; autant de partis, autant de candidats. Si le scrutin a lieu par arrondissement, tous voudront fournir la candidature; aucun ne consentirait à reculer devant l'autre; plutôt que de céder, ils se présenteront isolément et disperseront des forces qu'il aurait fallu ramasser. L'un de ces partis n'ose-t-il affronter l'échec trop certain qui l'attend, il s'immobilisera dans l'abstention, il noyera son petit nombre dans cette grande masse anonyme, qui, par ignorance et insouciance, ne vote jamais; il n'aura pas triomphé, n'importe : il aime encore mieux le triomphe de l'ennemi que celui d'un rival; il aura dérobé à la cause de l'ordre le faible appoint de voix qui, peut-être, lui eût assuré la victoire.

Ce tableau que nous traçons est emprunté à la réalité même des choses, nous l'avons esquissé d'après la plupart des élections partielles que, depuis deux ans, nous avons vues se succéder. Au jour des élections générales, si le scrutin de liste est supprimé, le même phénomène se reproduira dans chaque arrondissement, avec les mêmes caractères et les mêmes désastres.

Nous ajouterons qu'aujourd'hui, plus que jamais, ces tristes conséquences des passions humaines sont naturelles, fatales, presque excusables à force d'être inévitables. Sans doute, avec un gouvernement à long terme, dont le principe même de perpétuité fermerait l'avenir, calmerait les imaginations, lasserait les espérances, déconcerterait les ambitions, leur montrerait la borne qu'elles ne doivent pas franchir, les partis pourraient arriver à s'oublier eux-mêmes, à perdre leur pensée fixe, à se fondre peu à peu dans le sein de la patrie; comment ne se remueraient-ils pas, tout impatients et tout haletants, alors que la forme indécise et instable de nos institutions les met légalement dans un état de fermentation continue?

Et tandis que les divers groupes du parti conservateur s'avanceront ainsi dans l'arène électorale, un à un, s'échelonnant sur la route à la façon des Curiaces d'autrefois, tout meurtris des coups dont ils se seront chargés à l'envi, que fera cet ennemi dont nous parlions tout à l'heure, le radicalisme, puisque c'est aujourd'hui son nom? Celui-là ne connaît pas les divisions, il les ajourne après le combat, au partage des dépouilles; jusque-là, sa tâche est toute simple : il n'a pas de longs discours à tenir sur l'excellence comparée des gouvernements, il ne s'adresse ni à la conscience ni à la raison des hommes, il ne leur prêche ni la modération ni le sacrifice, il n'en appelle même pas de leur intérêt mal compris à leur intérêt mieux entendu ; il est le Tentateur, il souffle, pour les enflammer encore, sur toutes les convoitises, il annonce à tous ceux que le besoin assiége, que la jalousie possède ou que la chimère égare, un monde meilleur, il fait résonner dans les multitudes, tantôt avec des bruits sourds, tantôt avec des cris furieux, une sorte d'hallali sauvage contre la société.

A Dieu ne plaise que, devant de tels dangers, nous donnions le scrutin de liste pour un remède décisif? Nous l'offrons à tous les groupes du parti conservateur comme un secours, comme un trait d'union, comme un instrument de paix qui leur permettra de se rapprocher, de se faire à chacun sa place et sa part, de se lier ensemble par une assurance mutuelle contre la démagogie.

Ces divisions du parti conservateur, le cercle inflexible où le enferme le scrutin d'arrondissement, l'issue que le scrutin de liste leur ouvre, ne sont pas niés, ils ne peuvent pas l'être ; sans les contester, M. Dufaure se contentait de répondre, dans la Commission des lois constitutionnelles : « C'est une raison de pure circonstance, qui dans trois mois peut-être n'existera pas[1]. » Quel est le merveilleux événement qui, *dans trois mois peut-être*, aura banni nos divisions avec tous leurs effets et toutes leurs suites? Quel qu'il soit, il sera le bienvenu ; à cette France qui se sent flotter dans l'inconnu et dans le vide, il ne laissera enfin qu'un cœur et qu'une âme contre les épouvantables calamités qui, du dedans et du dehors, la menacent. Serait-ce la constitution de la république comme gouvernement définitif? Serait-ce là le coup de théâtre attendu qui refoulerait tous les partis dans le néant? Si telle est la pensée de notre éminent contradicteur, nous avons peur qu'elle ne soit cruellement déjouée : loin de tuer les partis, la république, même constituée, les fait vivre, elle les alimente et les attise par la loi même qui la régit, par ses échéances répétées qui, de bas en haut et de fond en comble, changent périodiquement tous les pouvoirs de l'État, par la témérité superbe avec laquelle elle suspend aux hasards d'un scrutin, plus capricieux encore que la roue de la fortune, le sort entier d'une nation ; elle a le destin et elle a aussi l'orgueil de n'être jamais, comme le déclarait récemment un républicain éprouvé, qu'*un provisoire perpétuel*. En 1848, la république avait été acclamée et proclamée, elle avait sa constitution solennellement votée, elle avait rendu de signalés services, dissous les ateliers nationaux, re

---

[1] « Serait-il préférable de faire des circonscriptions de deux ou trois députés ? Je n'ai entendu qu'un argument, c'est la division du parti conservateur. C'est une raison de pure circonstance, qui dans trois mois peut-être n'existera pas. » *Journal des Débats*, du 29 janvier 1874.

poussé la banqueroute et le papier-monnaie, terrassé les factions dans une bataille de trois jours, elle reposait entre les mains loyales du général Cavaignac ; malgré tout cela, l'avenir manquait au pays, il restait ouvert à tous les partis. Un ami de M. Dufaure, un de ses compagnons les plus fidèles, le clairvoyant Tocqueville, poussait devant ses collègues de l'Assemblée constituante cette plainte qui n'a pas vieilli : « Messieurs, qu'est-ce qui paralyse votre politique? Qu'est-ce qui la paralyse au dehors? Le doute de l'avenir, la crainte de l'avenir, l'incertitude de l'avenir. Qu'est-ce qui la paralyse au dedans? Le doute de l'avenir, l'idée de l'instabilité, qui pèse sur toutes les consciences, qui se présente involontairement à toutes les pensées, et qui fait que chacun croise les bras et attend[1]. » Allez, recommencez l'épreuve, tâchez d'être plus heureux : parce que vous aurez inscrit dans un texte que la république était définitive, aurez-vous inculqué dans les esprits qu'elle serait durable? Parce que vous l'aurez déclarée inattaquable en droit, l'aurez-vous rendue viable en fait? C'est toujours cette piperie des mots dont se moquait Montaigne et dont se lamentait Pascal, c'est l'histoire de ce César du Bas-Empire, qui, sentant approcher l'agonie, croyait tromper la mort en se faisant dire par ses courtisans : « Votre Éternité! »

II

Nous sommes de ceux qui n'ont jamais disputé à un gouvernement le droit d'avoir ses candidats dans les élections : pour lui, c'est un droit dont l'exercice forme le plus impérieux de ses devoirs; il doit laisser la lutte égale pour tous, sans la déserter lui-même; l'impartialité ne saurait être une neutralité indifférente, l'inaction pourrait être une trahison. Ces vérités, les esprits politiques, même les plus contraires au régime d'alors, les ont reconnues sous l'Empire ; M. Thiers qui, chef de l'opposition, eut l'honneur, à cette époque, de parler toujours en homme de gouvernement, disait : « Il est évident que, dans tous les temps, dans tous les pays libres, un gouvernement a toujours eu ses préférences et les a toujours manifestées. Je vous accorde donc les candidatures officielles[2]. » Ce

---

[1] Séance de l'Assemblée constituante, du 5 octobre 1848.
[2] Séance du Corps législatif, 14 janvier 1864.

que sa vive parole blâmait et avait raison de blâmer, ce n'était pas
le droit lui-même, c'étaient les pratiques immodérées et violentes
sous lesquelles il disparaissait trop souvent pour ne plus devenir
que l'abus criant de la force.

Nous sommes bien obligés de remarquer encore que si, contenue
dans ses justes limites, la candidature officielle était licite sous
l'Empire, à l'abri de la sécurité qu'il inspirait, à l'ombre d'une constitution qui faisait du ministère, c'est-à-dire du gouvernement,
non pas l'expression des vœux du pays représenté par le Corps législatif, mais l'émanation directe de la toute-puissance d'un homme,
elle se venge et s'impose d'elle-même dans la situation nouvelle
où nous sommes. Qu'est-ce aujourd'hui que le gouvernement? C'est
un parti, c'est le parti conservateur au pouvoir, il y est arrivé par
le mouvement régulier des majorités : sera-t-il, un jour d'élection,
moins puissant qu'avant sa victoire? N'aura-t-il plus, pour se maintenir, les libertés qu'auront toujours ceux qui l'attaquent? Sera-t-il
désarmé parce qu'il aura triomphé? Et cela, dans le cours d'une
crise formidable où la société, dont, après tout, il défend la cause,
n'a jamais été moins protégée par les institutions et jamais plus har-
celée par les passions! Autrefois, combattre la candidature officielle,
c'était revendiquer pour les adversaires du gouvernement les droits
qu'il prenait pour lui-même; aujourd'hui, la rétablir, ce sera récla-
mer pour le gouvernement les droits qu'il laisse prendre à ses adversaires : y a-t-il contradiction? Et n'y a-t-il pas équité?

Eh bien, supposez le scrutin individuel, supposez dans la plupart de nos arrondissements les groupes divers du parti conservateur ayant chacun son candidat, préludant à la grande bataille par
une bataille entre eux : quel ne sera pas l'embarras du gouvernement? Formé lui-même par l'alliance de ces divers groupes, représentant de ce régime du septennat qui signifie une trêve de sept
années entre tous les membres du parti conservateur, sa perplexité
sera extrême : s'il distingue un des candidats, s'il l'avoue et l'ap-
puie, il se brouille avec tous les autres ; s'abstient-il prudemment
de toute préférence et de toute ingérence, c'est bien moins à ses
amis divisés qu'à leur ennemi commun, que sa défection va pro-
fiter.

Avec le scrutin collectif par régions, tout se simplifie, les partis
font l'œuvre préparatoire, ils se mettent d'accord, ils arrêtent une
liste ; la candidature officielle devient d'une application facile, le
gouvernement n'a plus qu'à soutenir ceux qui le soutiennent lui-
même.

III

LE SCRUTIN DE LISTE SAUVEGARDE ET ASSURE MIEUX QUE LE SCRUTIN
D'ARRONDISSEMENT, LA REPRÉSENTATION DES MINORITÉS.

L'évidence de cette proposition ressort, comme une conclusion spontanée, de tout ce qui précède.

Les hommes d'État qui de la politique ne veulent pas séparer la justice, se sont depuis longtemps préoccupés de ce délicat problème[1] : la représentation des minorités, de plus en plus menacées, dans nos sociétés démocratiques, d'être submergées et étouffées par la marée montante du nombre.

Nous pourrions d'abord montrer que le scrutin de liste est la condition essentielle du *vote accumulé :* ingénieuse combinaison qui, découverte et prônée au delà du détroit par un membre du cabinet de M. Gladstone, M. Lowe, a été, non sans quelque succès, appliquée en Angleterre pour l'élection des comités scolaires, sur plusieurs points de l'Amérique du Nord pour les élections municipales. Étant donné le scrutin de liste, rien de plus aisé que le procédé de M. Lowe : au lieu de perdre leurs voix sur une série de noms qu'ils voueraient à une immanquable déroute, les partis faibles choisissent un nom, un seul, celui qu'ils estiment le plus efficace pour leur cause, ils l'inscrivent sur leur bulletin de vote autant de fois qu'ils auraient de noms différents à élire ; si bien que tous ces suffrages accumulés sur une même tête forment une masse supérieure à celle que peut réunir chacun des candidats de la liste adverse, et détournent ainsi une part de la victoire.

Mais, sans même qu'il soit nécessaire de recourir à cet équitable artifice, le scrutin de liste a, de soi-même, sans effort, par sa vertu propre, résolu le problème : il contraint tout parti qui veut devenir ou rester majorité, à commencer par respecter les minorités dont il a besoin.

---

[1] Si nous avions à étudier ici les divers systèmes que le principe de la représentation des minorités a suscités de nos jours, nous devrions une mention toute spéciale à celui qu'une philanthropie ardente a inspiré à M. Ernest Naville, et qui repose sur le suffrage *uninominal.*

IV

LE SCRUTIN DE LISTE EST TOUJOURS LE COMPLÉMENT, ET PEUT ÊTRE L'ÉQUIVALENT DU SUFFRAGE A DEUX DEGRÉS.

Les avantages du suffrage à deux degrés sont manifestes, la raison les révèle et l'expérience les confirme : retirer le dernier mot à la foule pour le donner à l'élite ; assujettir le vote à un double contrôle ; le remettre en dernier ressort à une juridiction qui, en s'élevant, s'éclaire et s'épure ; le placer dans un milieu supérieur, où les électeurs, qui seront vraiment les hommes de confiance de leurs mandants, connaîtront, à leur tour, celui qu'ils feront le mandataire de tous, voilà, en quelques traits, ce qui recommande le suffrage à deux degrés. Les gouvernements les plus opposés, comme les politiques les plus contraires, l'ont pratiqué ou professé. Issu de l'ancien régime, il a survécu à 1789 ; à part un court ostracisme dont la Convention le frappa, en 1793, comme complice de l'aristocratie, il a régné sans interruption, sous des formes très-diverses, dans toutes nos lois électorales jusqu'en 1817. « Il y a, disait un homme d'État, une manière de corriger, non pas tous les inconvénients, mais une grande partie des inconvénients du suffrage universel, c'est le suffrage à deux degrés, qui rétablit la hiérarchie des intelligences ; le suffrage à deux degrés qui, en disant à l'électeur, à la masse des électeurs qui ne connaît ni les hommes ni les choses : « Choisissez au-dessus de vous un électeur qui les « connaîtra, » et en donnant à cet électeur le droit de choisir les représentants du pays, supprime une grande partie des inconvénients du suffrage universel. » Cette définition du vote à deux degrés, où respire une si lumineuse simplicité, qui l'a donnée ? Est-ce M. de Villèle, dans l'un de ses beaux rapports sur la décentralisation, présentés à la Chambre de 1815 ? Non, c'est M. Thiers, dans le ferme et courageux discours qu'il prononçait pour défendre la loi du 31 mai 1850.

Mais, parmi les amis du suffrage à deux degrés, l'hésitation a commencé lorsqu'ils ont regardé, autour d'eux, avec quels matériaux ils pourraient bâtir ces deux degrés.

Si la France était couverte encore d'états généraux, comme on disait autrefois avec une netteté si expressive, c'est-à-dire d'états formant corps, de communautés d'intérêts groupés ensemble par lien puissant de l'association, de forces collectives, ce serait là peut-être qu'il faudrait placer les assises d'une bonne organisation du suffrage universel : dans tous les représentants de ces petites sociétés particulières, dans tous ces chefs choisis par leurs pairs, il y aurait une pépinière féconde d'électeurs tout faits, donnant pleine garantie de lumières, d'indépendance et de raison à la grande société. Rien, hélas ! de tout cela n'est plus ; la ruine s'est mise là où la réforme eût suffi. Les vieilles associations, nées du sol ou du travail par une espèce de cristallisation lente, sont relâchées ou dissoutes ; l'esprit de corps lui-même languit, quelquefois il a péri : ce qui a résisté est peu de chose, ce qui a pu se reconstituer est incomplet et partiel, la société entière avec toutes ses sphères n'y est pas embrassée. Le législateur doit regretter, il doit tendre à ranimer, il ne saurait employer présentement dans son œuvre ces forces disparues, forces qui, sur les pentes dangereuses où roule notre démocratie, seraient les meilleurs des points d'arrêt et des points d'appui.

Demanderez-vous alors à une élection spéciale vos électeurs du deuxième degré? Chargerez-vous de leur désignation les assemblées primaires, comme l'avait décrété en 1791 la Constituante, ou bien, comme l'avait proposé la Chambre introuvable de 1815, les assemblées cantonales? Cette combinaison offrirait peut-être quelque sécurité, si, comme droit d'entrée dans ces assemblées du premier degré, vous exigiez un cens; soit, comme en 1791, une contribution directe, égale à la valeur de trois journées de travail; soit, comme en 1815, cinquante francs au moins de contribution directe : cens dont le chiffre devrait s'élever encore pour l'admission dans le collège des électeurs définitifs. Si vous reculez devant le rétablissement du cens, si vous n'avez pas donné à la société cette garantie préalable, vous aurez grossi tous les périls que vous avez la volonté de fuir : pour la nomination des électeurs du deuxième degré par le suffrage universel, vous aurez introduit à domicile, dans toutes les communes de France, toutes les compétitions, toutes les jalousies, toutes les rivalités malsaines, qu'entraîne le choix direct d'un député; elles seront accrues encore des passions locales, excitées par l'exiguïté même de l'enceinte où elles s'entre-choqueront, violemment aigries par l'air d'élimination et de privilége que prendra une loi destinée à faire abdiquer la masse des électeurs entre les mains d'un petit nombre.

Enfin, il resterait à décider que les conseils municipaux seront les

électeurs nés du premier degré : système qui, vraisemblablement,
serait funeste; car, sans améliorer l'organisation électorale, il dé-
naturerait l'institution municipale, il l'enlèverait à ses fins légitimes, il ouvrirait toutes grandes aux animosités et aux arrière-
pensées de la politique les portes de cette Maison Commune, qui
doivent lui être absolument fermées.

Ces difficultés d'application du suffrage à deux degrés, l'homme
d'État de notre siècle qui l'a préconisé avec le plus de vigueur, qui
l'a inscrit avec le plus d'éclat dans le programme de son parti,
M. de Villèle, les a mesurées et redoutées : de là, les variations de
sa pensée errant, dans sa constance même, autour d'obstacles qu'il
reconnaissait toujours insurmontables. En 1816, c'était lui qui,
membre de la Chambre introuvable, avait, dans un rapport plein
d'observations exactes et même de vues prophétiques, proposé les
assemblées cantonales, sortes d'assemblées primaires amendées; il
avait écarté, d'un trait de plume, *un projet d'élection d'après lequel
les divers états qui constituent la société seraient réunis en corps ou
corporations pour émettre leur vote :* « Nous ne pouvons, disait-il,
employer des matériaux qui n'existent point; le temps seul peut
recréer les institutions [1]. » L'année suivante, lorsque fut discutée,
devant une nouvelle Chambre, la loi qui établit l'élection directe
des députés par les censitaires, M. de Villèle, qui l'attaqua, ne par-
lait plus des assemblées cantonales, il insistait même sur le mauvais
renom qu'avaient laissé, sur l'effroi qu'inspiraient encore les assemblées primaires de la Révolution, désordonnées pendant la Terreur,
en proie à une anarchie qu'elles vomissaient ensuite sur le pays,
plus tard silencieuses et basses ; il revenait à l'idée des corporations,
corps de ville, chambres de commerce, sociétés d'hommes de loi et
de gens de lettres, sous-agrégations de citoyens, comme il les appelait en les énumérant ; puis, sentant combien tout cela était encore
en germe, peu solide et peu formé, il ajoutait avec une réserve
défiante : « Si les assemblées de paroisses que j'ai vues se réunir
sans inconvénient avant la Révolution, paraissaient aujourd'hui
offrir trop peu de garanties pour nommer des électeurs, je ne serais
pas éloigné de consentir à ce que les membres élus des assemblées
secondaires, dont l'intérêt local garantit le bon choix, fussent
chargés par la loi de participer pour les communes, et en propor-
tion de leurs droits, à l'élection des électeurs [2]. »

M. de Villèle n'était pas au pouvoir, il n'avait ni l'action ni la

[1] Deuxième rapport sur la loi des élections, fait à la Chambre des députés, dans
la séance du 16 février 1816.

[2] Séance du 26 décembre 1816.

responsabilité lorsqu'il développait ces divers systèmes qui, du reste, présentaient plutôt une politique à poursuivre pour un prochain avenir qu'à exécuter sur l'heure. Devenu ministre, président du conseil, chef d'une majorité nombreuse et docile, il proposa les mesures les plus hardies ; tantôt les plus équitables, comme la loi de l'indemnité; tantôt les plus fâcheuses, comme la loi du sacrilége : il ne proposa jamais, sous aucune forme, le suffrage à deux degrés.

Depuis les temps déjà lointains que nous rappelons, plus d'un demi-siècle s'est écoulé; pour l'application du suffrage à deux degrés, les conjonctures sont-elles plus propices, les matériaux mieux rassemblés? Nous ne pensons pas qu'un observateur attentif osât l'affirmer ; ce ne serait pas, selon nous, un paradoxe de soutenir qu'entre la France de l'ancien régime et celle de la Restauration, même coupées en deux par cet événement formidable et unique qui se nomme la Révolution, la dissemblance est moins profonde, et l'abîme moins vaste qu'entre la France de la Restauration et celle où nous vivons, de plus en plus séparées l'une de l'autre par le prodigieux travail de dissolution et de transformation que l'essor de l'industrie, l'incessante rotation de la fortune mobilière, la division de la propriété terrienne, le percement des routes, la multiplication indéfinie des chemins de fer et des fils télégraphiques, l'amoindrissement de la province, l'enflure exorbitante des grands centres, tout cela se mêlant à une série continue de révolutions particulières, accomplissent sans relâche dans notre société.

Si le suffrage à deux degrés est possible[1], s'il rencontre parmi nous un sol apte à le recevoir, le scrutin de liste se présentera comme son auxiliaire naturel : leur sort a presque toujours été lié ; disjoints par la loi électorale de 1817, qui supprima les deux degrés et garda la liste, ils avaient fonctionné ensemble sous les régimes antérieurs, ensemble ils avaient un instant succombé en 1793.

Que si, au contraire, le suffrage à deux degrés doit être encore abandonné ou ajourné, le scrutin de liste nous en rendra les principaux bienfaits : le double contrôle, la juridiction supérieure, le triage préliminaire, le conseil préalable d'examen et de révision dont la garantie est si précieuse, nous allons les retrouver.

Avec le scrutin de liste, l'élection n'est plus une aventure solitaire, une espèce de champ de course, où le premier venu qui s'y jette peut se promettre qu'en dépit de toutes les délicatesses

---

[1] Sur les conditions dans lesquelles pourrait être établi le suffrage à deux degrés, nous signalons une intéressante brochure : *Coup d'œil sur le suffrage universel par un électeur orléanais;* Orléans, 1871.

et de toutes les répugnances, il saura bien enlever le vote des multitudes : il faut maintenant qu'il ait son laissez-passer; il ne franchira pas la barrière, s'il n'a été agréé d'avance de ceux-là dont les noms lui sont indispensables pour étayer son nom, agréé aussi de ceux qui, par le patronage donné à tous ces noms réunis sur une liste, se porteront publiquement leurs témoins. Les conservateurs sont mis en demeure de se prononcer; ils sont tirés de l'indifférente quiétude avec laquelle ils ont coutume d'assister aux élections comme à un tournoi qui ne les regarde pas : la forme impersonnelle et collective qu'ont revêtue les candidatures, leur est un aiguillon utile, elle les avertit qu'ils voudraient en vain rester neutres, que ce sont leurs affaires qui se débattent, qu'ils sont eux-mêmes l'enjeu de la lutte, qu'ils doivent donc se montrer et se dévouer, que tous leurs sacrifices d'argent, d'activité, d'efforts, seront, non pas pour la satisfaction d'une ambition particulière, mais pour le service de leur propre cause. De leurs rangs, un certain nombre d'hommes, de citoyens, de notables se lèvent, quelquefois désignés par un mouvement de l'opinion, quelquefois poussés en avant par une inspiration de bien public qui, dans nos jours d'engourdissement et de timidité, n'est pas sans vertu; ils se rassemblent, forment un jury, discutent les candidatures, en pèsent les titres et les chances, décernent à celles qui sont admises sur la liste commune un certificat de capacité et comme un brevet d'éligibilité, leur prêtent du même coup une force morale, laquelle entraînera souvent la force numérique.

Ce n'est pas, comme dans le mécanisme ordinaire du suffrage à deux degrés, la foule chargeant une élite de statuer en son lieu et place; c'est une élite préparant le jugement qui sera soumis à la ratification libre de la foule.

Sans doute, il y a des abus; les adversaires du scrutin de liste font grand bruit de la domination tyrannique qu'il donne aux comités et aux journaux. S'imaginent-ils qu'avec le scrutin d'arrondissement ils vont y échapper? Le scrutin par arrondissement existait sous l'Empire; il était tenu en échec, de tous côtés, par les mille rouages de l'administration la plus sévère et de la législation la plus étroite : n'est-ce pas alors un comité qui, un beau jour, *bombarda*, comme aurait dit Saint-Simon, M. Gambetta, député de Marseille? N'est-ce pas un journal qui fit de l'auteur de *la Lanterne* un représentant de la ville de Paris, à la fois égayée et souillée par sa verve? Flétrissons ces dévergondages, tâchons de combattre et de corriger ces misères, tout en confessant qu'elles ne tiennent pas à tel ou tel mode d'élection : elles sont inhérentes à l'élection elle-même, crise nécessaire puisqu'elle forme une des fonctions essentielles d'un

2

peuple libre, mais crise toujours dangereuse, souvent honteuse, que, même dans la sage et saine Angleterre, Burke appelait un puissant mal, *mighty evil*.

V

LE SCRUTIN DE LISTE VAUT MIEUX QUE LE SCRUTIN D'ARRONDISSEMENT, POUR GARANTIR LA DIGNITÉ DE NOS MŒURS ÉLECTORALES, LA SINCÉRITÉ DE L'ÉLECTION ET LA QUALITÉ DE L'ÉLU.

L'apparence, qui attire beaucoup de bons esprits vers le scrutin d'arrondissement, c'est le règne des influences locales, c'est la prééminence inévitable et souveraine qu'elles vont enfin recouvrer dans les élections.

Certes, le tableau qui nous est proposé, est fait pour charmer les yeux.

L'arrondissement est dans l'État ce qu'au-dedans de lui-même est la commune; il est une petite patrie dans la grande, il est une famille dont tous les membres se connaissent. Au centre de cette famille, au-dessus des rivalités mesquines et des médiocrités jalouses, quelques hautes influences, tantôt sorties des siècles, tantôt noblement filles de leurs œuvres, se détachent sans peine, elles s'élèvent d'elles-mêmes comme la couronne de toute une contrée : le respect les environne, une rumeur d'estime et d'honneur les annonce au loin; une vénération héréditaire, encore rajeunie d'âge en âge, ou bien le prestige du talent, des services rendus, des bienfaits prodigués, les consacrent et les gardent. Le scrutin peut s'ouvrir; nulle crainte que l'incapable, que le charlatan, que l'aventurier mal famé osent se heurter contre ces influences, ils s'y briseraient tous. L'élection est déjà faite; le nom qui sera victorieux, était d'avance sur toutes les lèvres.

Nous ne savons si cette peinture de la France était exacte, il y a cinquante ans : même à cette époque, des doutes se produisaient contre la vérité de ces couleurs.

Lorsque, dans les premières Chambres de la Restauration, quelques orateurs réclamaient une sorte de suffrage universel, très-convaincus, disaient-ils, qu'au-dessous de la bourgeoisie, la grande propriété trouverait dans les régions inférieures une clientèle toute prête, le savant le plus populaire de notre siècle, dont l'éloquence politique brilla un instant par de vifs éclairs aujourd'hui perdus dans la splendeur de sa gloire sereine, Georges Cuvier, conseiller d'État et commissaire du gouvernement, se permettait de répondre : « S'il faut vous dire quelle est ma véritable opinion, c'est que cette multitude se laissera entraîner aux séductions des démagogues. Nous n'avons pas conservé ce degré de respect pour la grandeur, qui fait que nous pouvons en devenir les instruments. L'orgueil est plus éclairé de nos jours : dans son espoir trompeur, il embrassera la richesse et le pouvoir qu'on lui promettra[1]. » Et dans la même discussion, un autre homme éminent, dont la parole eût semblé parfois déclamatoire, si elle n'avait toujours été l'effusion sincère d'une belle âme, M. Lainé, ajoutait : « Prenez garde : d'anciens vassaux sont, dans les campagnes, des clients peu sûrs, et Clodius en trouverait plus que Milon. »

Mais, à l'heure actuelle, l'incertitude est-elle même possible? Le tableau qu'on nous présente est méconnaissable, tant les traits en sont effacés. Où sont-elles donc, ces grandes influences locales qui dominent tout un arrondissement? Comme les futaies de nos forêts, elles se font rares, elles sont tombées, elles tombent les unes après les autres : les révolutions les ont frappées de leurs coups répétés. Puis, envisagez tant de causes qui ont achevé leur ruine : le morcellement des patrimoines, les conditions de plus en plus resserrées de l'existence, l'art pervers de l'Empire pour tout énerver et tout abaisser, pour ne laisser en présence qu'une foule et un maître, l'abstention politique, un éloignement des affaires qui trop souvent n'a paru qu'un dédain de tout travail, l'inutilité publique de la vie, la vaine ostentation d'une fainéantise bruyante. Là où quelques-unes de ces influences tiennent toujours, la démagogie ne leur donne pas de repos ; elles sont ébranlées jusque dans leurs racines par l'âpre vent de nivellement qui souffle de toutes les passions soulevées de l'âme humaine.

Les influences d'arrondissement qui sont restées puissantes, se compteraient sur la surface de notre pays ; celles de canton sont plus nombreuses, elles ont mieux résisté dans leur étroite enceinte, horizon que ne dépasse guère le regard dans la situation présente des habitudes et des fortunes. Et encore pourrions-nous citer bien des départements où, lors des dernières élections au conseil général, une quantité d'influences locales qui avaient traversé l'Empire saines et sauves ; qui, pendant nos malheurs, s'étaient retrempées dans les flots d'un sang généreusement offert pour la patrie, ont succombé

[1] Séance de la Chambre des députés, du 28 décembre 1816.

à leur tour : presque aucune n'a trouvé grâce ; une défiance universelle les a écartées.

Ce n'est point, hâtons-nous de le constater, que dans l'arrondissement de nos jours il n'y ait plus de place ni de prise pour l'avénement de quelque grande influence, bientôt maîtresse en temps d'élection.

Il y a d'abord cette influence dont, même en les tranquilles années de la Restauration, MM. Cuvier et Lainé dénonçaient le pouvoir dormant, toujours prompt à quelque terrible réveil : celle du démagogue ; influence toute menaçante aujourd'hui, grossie par le malaise d'un pays où tout est en l'air, incessamment servie par le mauvais journal, par le roman obscène, par le débordement effréné des cabarets, dont l'Empire [1] avait presque fait une de ses institutions d'État. Elle est partout, elle règne dans toutes les communes ; comme ces monstres qui foisonnaient dans les fanges du Nil, elle se nourrit et s'enfle de toutes les misères matérielles et morales d'une société.

Sur divers points de la France, il y a des arrondissements acquis d'avance à quelque fonctionnaire de l'Empire, qui, ayant longtemps administré une contrée, l'ayant couverte de ses faveurs et de ses services, l'ayant remplie de ses obligés, la tenant toujours par un mélange de bons et de mauvais sentiments, y garde son ineffaçable empreinte.

Ailleurs, sur les débris des légitimes influences, une puissance nouvelle s'élèvera, elle est déjà née, celle de l'argent, ce Grand Électeur des sociétés démocratiques : un homme a fait à la Bourse quelques coups heureux, il prétend avoir dans l'urne du scrutin le même bonheur, il sera considéré alors, il entrera par la politique dans les grandes affaires, qui l'enrichiront encore ; rien ne lui coûte ; s'il se ruine, il en sera quitte pour refaire sa fortune ; il distingue un arrondissement facile, s'y abat comme sur une proie, y achète la presse, y répand à pleines mains les largesses et les promesses, il prend tous les masques et tient tous les langages, il joue des sommes qui rendent impossible toute concurrence, et qui feraient voler en éclats tout l'avoir d'un propriétaire ou d'un rentier.

---

[1] M. de la Valette, ministre de l'intérieur de Napoléon III, écrivait aux préfets, en 1866 : « Il faut se garder d'exagérer les restrictions apportées à l'industrie des débits de boissons, en limitant à un chiffre déterminé d'avance le nombre de ces établissements qui peuvent se former dans une localité..... En résumé, monsieur le préfet, pénétrez-vous bien de la pensée du gouvernement, qui ne doit pas être méconnue, comme elle l'est peut-être dans quelques départements, où l'on s'attache à un système de restriction étroite, parce qu'on le suppose, à tort assurément, conforme à l'esprit de la loi et aux intérêts de l'ordre. »

Si vous désirez une esquisse du spectacle que, dans une portion de la France, le scrutin d'arrondissement amènera, rappelez-vous les dernières élections qui précédèrent la chute de l'Empire.

Çà et là, des candidatures indépendantes percèrent à travers les mailles relâchées du réseau dont l'administration enveloppait encore le pays : à l'exception d'un petit nombre, la plupart étaient crûment radicales; d'autres furent accusées ou soupçonnées de captation pécuniaire, il y en eut même d'annulées pour ce chef; ce qui, bien entendu, n'empêcha pas les électeurs de renvoyer à la Chambre leurs élus.

Et pendant ce temps-là, en ces mêmes élections de 1869, méditez l'instructif contraste! S'il est un homme qui, dans son arrondissement, ait le droit d'être la grande influence locale, c'est assurément le personnage intègre et éloquent qui, sous la présidence de M. Thiers comme dans la Commission des lois constitutionnelles, a revendiqué, pour la juste prépondérance des influences locales, le scrutin par arrondissement, c'est M. Dufaure. Enfant de la Saintonge, il n'avait rien de ce qui peut effaroucher les suffrages populaires; il réunissait tout ce qui doit les attirer : il avait été plusieurs fois ministre, longtemps député, l'un des membres les plus utiles de nos Assemblées, l'un des plus vigoureux talents de nos annales parlementaires ; il possédait cet inappréciable avantage qu'avant les mornes silences de l'Empire, où les réputations ne se faisaient plus, son nom avait été dit et redit par tous les échos de la tribune et du barreau. Eh bien, M. Dufaure ne tenta même pas la fortune électorale dans son arrondissement, il la courut deux cents lieues plus loin, à Toulon, où il échoua !

Mais supposez même que, du sein de l'arrondissement, quelques influences meilleures, d'une origine moins douteuse, se dégagent : d'autres inconvénients, d'autres périls ne vont-ils pas naître?

C'est une vérité reconnue, que, resserrée dans son théâtre, l'élection tend à descendre : elle s'abaisse dans ses préoccupations et dans ses choix, elle perd de vue le pays pour ne plus regarder que l'étroit milieu où elle s'agite; le bien de l'État est moins considéré que les intérêts du clocher; le flot des petites passions particulières refoule les grands courants simples de l'opinion. La candidature menace de devenir une sorte de mendicité à domicile; l'homme, souvent inférieur et subalterne, qui, par des courses fréquentes, par des démarches faites à droite et à gauche, l'aura menée à terme, sera moins le député de ses commettants que le commissionnaire de ses solliciteurs.

Lorsque la représentation d'un peuple est faible, il résulte de cet affaiblissement même un notable dommage, non-seulement pour le

lustre des assemblées parlementaires, mais surtout pour la rédac-
tion des lois et la bonne conduite des affaires. La politique est la plus
haute application des facultés de l'esprit, elle exige les qualités les
plus rares, le tact, un discernement qui, dans les causes, prévoit
les effets, cette clarté supérieure sans laquelle les connaissances
techniques tournent en routine et en métier : tel homme que, dans
l'exercice de sa profession, vous avez connu exact et judicieux, vous
le retrouvez dans une Chambre, il déraisonne, va toujours à côté
des questions, donne dans tous les lieux communs et dans tous les
songes creux, erre tout désorienté devant les horizons nouveaux où
sa vie a été tout à coup jetée.

Il y avait, dans les Chambres de l'Empire, une foule d'hommes
excellents, bien intentionnés, fidèles sans servilité : comment ont-ils
pu, souvent au bruit de leurs applaudissements, laisser naître, se
développer avec ses détours et ses ruses, s'enfoncer dans ses gouf-
fres la politique néfaste qui, favorisant l'unité allemande après l'unité
italienne, a démantelé la France? O spectacle plein de confusion et
de douleur! Après la bataille de Rosbach, le roi Louis XV disait de
l'infortuné général qui l'avait perdue : « Pauvre Soubise, il ne lui
manque plus que d'être content! » Après la journée de Sadowa,
mille fois plus meurtrière à la France que celle de Rosbach, les ministres de Napoléon III venaient dire à un auditoire attentif et presque crédule, que nous devions être satisfaits ; que partagée en trois
tronçons, l'Allemagne était bien plus faible; que nous-mêmes, nous
étions plus forts qu'autrefois. Passons vite sur ces souvenirs lugu-
bres : de ces complaisances qui nous ont coûté si cher, n'accusons
que la médiocrité de notre représentation nationale; accusons plus
haut encore le régime qui rendait cette médiocrité nécessaire à ses
besoins et à ses desseins !

C'est encore une vérité d'expérience que plus les bornes entre lesquelles s'engage la lutte électorale sont rapprochées l'une de l'autre,
plus les tristes infirmités de toutes les sociétés, de nos sociétés démocratiques en particulier, se mettent à nu.

L'honnête homme qui se présente aux suffrages de ses concitoyens, qui seul, à visage découvert, à ses risques et périls, se livre
aux incertitudes du jugement populaire, peut s'attendre à tout :
pour lui, plus d'égards, plus de bienséances, plus de justice; contre
lui, c'est la guerre, la guerre sans foi ni loi ; il sera moins l'adver-
saire qu'il faut combattre que l'ennemi qu'il faut abattre. Peu
importe que par la dignité de l'attitude, par le relief du caractère et
du courage, par l'éclatante supériorité du talent, il s'isole de la
foule et s'élève au-dessus d'elle : tous ces titres ne seront que des
crimes de plus; la cohue haineuse et envieuse ne fera que se dé-

mener avec plus de furie. Sans doute, l'honnête homme qu'assaille cette tempête doit demeurer insensible, il doit affronter, le sourire aux lèvres et le dédain au cœur, tout ce monde infime, toute cette écume qui tombera plus rapidement encore qu'elle ne s'est gonflée ; il doit se dire qu'après tout, les plus illustres gens de bien y ont passé, et que, loin de périr, ils ont grandi sous l'effort même qui voulait les renverser. Et cependant, combien s'arrêteront ! Combien, arrivés sur le seuil de la tumultueuse arène, regardant d'un côté la paix de leurs jours écoulés, et de l'autre leur nom voué aux colères et aux insultes, seront tentés de revenir en arrière et de se replonger dans la douce obscurité du foyer domestique ! C'est l'histoire de l'Amérique : peu à peu, les hommes riches, cultivés, en possession d'une civilisation plus avancée, se sont éloignés des affaires publiques, ils ont abandonné la lice à l'impatience famélique, à la violence, à l'audace.

Avec le scrutin de liste, tous les maux que nous avons peints, sont non pas détruits, mais amortis. Ce ne sont plus les individus qui entrent en scène, ce sont les partis, grand avantage, comme nous l'avons déjà remarqué, pour le parti conservateur qui ne se réveille que lorsqu'il est secoué : il s'ensuit que la corruption, sous toutes ses formes raffinées ou grossières, a moins de prise, elle se perdrait dans une circonscription trop vaste, parmi tous les intermédiaires qu'elle rencontrerait, au milieu d'intérêts trop différents ou trop ennemis ; il s'ensuit également que le pouvoir atroce de l'injure est refréné, elle peut s'acharner sur un nom isolé, elle expire ou languit devant un groupe de noms reliés par la confiance d'autrui. Comme le champ de la lutte s'est étendu, son objet s'est élevé : deux ou trois idées générales, nettes, visibles à tous, planent au-dessus d'elle, la dirigent, s'incarnent dans les candidats qui les soutiendront avec le plus de puissance, les affranchissent eux-mêmes du joug des petites passions particulières pour les mettre en communication plus intime avec l'esprit de leurs concitoyens, impriment à l'élection un caractère vraiment politique ; ce qui est encore une transformation heureuse, car de la politique, c'est-à-dire de la marche de l'État dans un sens ou dans un autre, dépendent ses finances, ses revenus, le développement de l'instruction et des travaux publics, en un mot la prospérité de tous les biens qu'un peuple a le plus justement à cœur.

Nous venons, de l'autre côté du détroit, où le scrutin de liste est fréquemment en vigueur, nous venons d'assister au bienfaisant phénomène dont nous parlons : le premier ministre du dernier cabinet, M. Gladstone, sentant gronder l'orage que sa politique extérieure avait amassée dans l'âme de la vieille Angleterre, voulait le

détourner, il jetait en pâture aux électeurs une amorce singuliérc-
ment séduisante, l'impôt sur le revenu dont il démontrait les vices
et promettait l'abolition ; M. Disraeli se laissait attirer dans le piége.
L'opinion publique a déjoué ces calculs, elle a balayé de son souffle
tous les hors-d'œuvre qui menaçaient de couvrir la plate-forme électorale; elle a été droit au fait, renversant le ministère de M. Gladstone parce que sa politique étrangère avait été mauvaise, parce qu'il
avait, par manque de cœur et défaut de génie, concouru à l'avénement d'une Europe nouvelle où, devant le colosse de l'Empire
germanique, la place de l'Angleterre serait moins grande, son autorité moins obéie, son crédit moins assuré, ses charges plus oné-
reuses.

Les considérations, où peut-être nous nous sommes trop arrêtés,
ne sont pas neuves, elles ont frappé nos pères, elles ont plus d'une
fois inspiré leur législation : au lieu de s'avilir avec le temps, elles
se sont rajeunies dans les événements qui ont tout changé autour
de nous.

Qu'on relise la discussion de la première loi électorale qui ait été
sérieusement faite en notre siècle; c'était en 1817, au lendemain
de l'invasion, alors qu'au-dessus des abîmes où la France avait
failli sombrer, l'auguste Maison de France apparaissait, tenant d'une
main le testament de Louis XVI et de l'autre la charte de Louis XVIII.
La discussion fut mémorable; les voix les plus éloquentes, celles
que la postérité entendra encore, M. de Serre, M. Royer-Collard,
M. Cuvier, M. Lainé, M. de Villèle, y prirent part : à peine délivrée
d'un régime étouffant, qui n'avait été que le monologue d'un
homme, la patrie s'étonnait des richesses que son sein recélait et
qu'elle ne s'était pas connues.

Le ministre de l'intérieur, qui proposait la loi électorale, était
M. Lainé, ce loyal et courageux M. Lainé qui, rédacteur de l'Adresse
du Corps législatif en 1813, s'était dressé devant le despotisme aux
abois comme l'âme ressuscitée de la France. Aux menaces du préfet
de police impérial, il avait répondu : « Ma conscience parle encore
plus haut que vous ! » Personnage antique que la Rome des Fabricius,
écrivait M. de Chateaubriand, eût mis au rang de ses consuls !
Attrayant et sévère mélange de toutes les qualités dont l'apparente
contrariété forme souvent l'harmonie de la beauté humaine, la réserve et l'enthousiasme, l'émotion et la fermeté, la sensibilité dans
le cœur et l'intrépidité dans le caractère ! Napoléon avait dit :
« M. Lainé est un méchant homme. » Le roi Louis XVIII, meilleur
juge, aimait à répéter : « Je me sens calmé par sa présence, élevé
par ses discours. »

Sur le principe de la loi électorale de 1817, qui établit le suffrage restreint et direct, les opinions les plus diverses, les critiques les plus vives, même les mieux justifiées, se produisirent : l'unanimité régnait en faveur du scrutin de liste, legs de l'ancien régime, qui avait été accepté par la Constituante, un instant répudié par la Convention comme entaché de fédéralisme, repris par les gouvernements postérieurs, même par l'Empire dans ses simulacres de représentation nationale, inscrit dans tous les projets de la Chambre introuvable.

Écoutez M. Lainé, dans son exposé des motifs : « La réunion de tous les électeurs d'un département pour la nomination des députés tend à élever les élections, à les soustraire à l'esprit des petites localités, et à diriger les choix vers les hommes les plus connus, les plus considérés, dans toute l'étendue du département, par leur fortune, leurs vertus, leurs lumières. L'intrigue et la médiocrité peuvent réussir dans un cercle étroit ; mais à mesure que le cercle s'étend, il faut que l'homme s'élève pour attirer les regards et les suffrages. On arrête ainsi l'effet des petites et obscures influences, pour assurer celui des influences grandes et légitimes, et on garantit d'avance à la nation que la Chambre des députés ne sera composée que d'hommes vraiment considérables, effectivement revêtus de la confiance de leurs concitoyens, et vraiment dignes et capables, par leurs talents, leur existence et leur caractère, de concourir à la confection des lois. »

Écoutez encore M. de Serre, lorsque, deux années plus tard, il fut question de corriger la loi électorale de 1817 · « En brisant les colléges de département en sections qui siégeraient dans des chefs-lieux d'arrondissement, vous détruiriez tout esprit public, c'est-à-dire le principe vital de tout État bien constitué. Les électeurs réunis au chef-lieu du département se confondent dans des sentiments généraux. Séparés par arrondissements, leurs sentiments et leurs votes se resserreraient avec leur sphère. Les choix, au lieu de s'élever vers l'homme en possession d'une influence, d'une considération qui domine le département, s'abaisseraient vers les influences de localités[1]. »

Écoutez enfin l'imposante autorité de M. Royer-Collard : « La première et la plus indispensable condition de la meilleure élection, c'est le rapprochement des électeurs, et leur réunion dans un seul et même collége. Voulez-vous que l'électeur voie tout ce qu'il doit voir, et ne voie rien de plus ? Dégagez-le de l'atmosphère locale ; élevez-le ; agrandissez son horizon. Voulez-vous qu'il soit fort contre le pouvoir et contre les partis ? Donnez-lui des compagnons ; mettez

---

[1] Chambre des députés, comité secret du 23 mars 1819.

les forces en commun, formez des masses. Les masses seules résistent ; seules, elles ont de la dignité, de l'autorité, et ce vif sentiment des intérêts généraux sans lequel il n'y a point de gouvernement représentatif; seules enfin, elles représentent véritablement la nation. L'objection de l'intrigue est trop forte ; là où l'intrigue aurait été rendue impossible, il n'y aurait plus d'élection, parce qu'il n'y aurait plus de liberté. La plus fatale des intrigues serait celle qui disperserait les électeurs, et les livrerait, désarmés, aux séductions du pouvoir et à la tyrannie des partis[1]. »

Lorsque tous ces grands orateurs de la Restauration tenaient ce langage, le gouvernement de la France résidait aux mains des capacités, aristocratie des peuples qui n'en ont plus; électeurs et élus se recrutaient dans une oligarchie aisée et lettrée, c'était l'ère du pays légal : système insuffisant, qui désintéressait trop la nation elle-même des institutions représentatives, dont elle ressentait la vertu salutaire, mais dont elle n'animait pas les ressorts; il eut du moins le mérite de porter en haut, par son mouvement naturel, toutes les supériorités légitimes, si bien que la monarchie constitutionnelle venant à tomber en 1848, ce fut dans le reste de ses hommes publics, mis en saillie par le régime du cens, que le stérile Empire a puisé ses meilleurs agents[2].

Et maintenant, regardons autour de nous : combien l'utilité du scrutin de liste, recommandée par MM. Lainé, de Serre, Royer-Collard, se montre avec plus d'évidence! La vie politique est descendue des hauteurs de la société pour déborder jusque dans ses dernières profondeurs; l'instrument de gouvernement, celui qui décide de la paix ou de la guerre au dehors comme au dedans d'un pays, le bulletin de vote est en des mains qui ne savent même pas écrire. Les anciennes conditions de l'influence sont bouleversées : talent, gloire, expérience, dons de l'homme d'État, ce qui occupe et embellit les sommets, tout cela n'entre pas, tout cela n'a même pas un nom dans les régions du nombre, tout cela, selon une comparaison de M. de Montalembert, est noyé dans le suffrage universel comme un flacon de vin généreux dans un étang[3]; nos millions d'électeurs

---

[1] 23 mars 1819.

[2] Il nous suffira de citer les ministres et les fonctionnaires les plus distingués du second Empire qui, tous, sortaient des Chambres du Gouvernement de Juillet : MM. Magne, Drouin de Lhuys, de Chasseloup-Laubat, Billault, Delangle, Achille Fould, de Morny, Baroche, Devienne, Rouland, Béhic, etc.....

M. Rouher, qui était fort jeune en 1848, avait été, si nous ne nous trompons pas, candidat ministériel aux dernières élections qui précédèrent la révolution de Février.

[3] *Des intérêts catholiques au dix-neuvième siècle*, par M. le comte de Montalembert, ch. X.

forment une foule énorme et confuse, presqu'impénétrable, courbée sous les rudes labeurs du jour, portée vers la vulgarité, quelquefois même attirée vers l'indignité des choix.

Réservé par la loi de 1820 pour le grand collége départemental qu'elle instituait au-dessus des colléges d'arrondissement où le vote devint individuel, le scrutin de liste disparut tout à fait en 1830 pour renaître encore, dix-huit ans plus tard, dans une révolution nouvelle.

Les assemblées qu'en 1848 et en 1849 il enfanta au milieu des troubles d'une république, resteront devant l'histoire parmi les représentations les plus dignes que la France du dix-neuvième siècle puisse offrir d'elle-même à la postérité : elles brillèrent par l'honnêteté, par l'éloquence, par le courage des résolutions, par la sagesse des vues politiques ; elles rendirent au gouvernement qui succéda, la patrie tranquille au dedans, intacte au dehors. Quand l'une et l'autre n'étaient déjà plus qu'un souvenir, souvent défiguré par les mensonges intéressés de la dictature, un de leurs membres les plus illustres, un observateur qui étudiait les lois des sociétés avec une conscience passionnée, M. de Tocqueville leur décernait un instructif hommage, il remarquait que ces deux assemblées républicaines avaient fait à la riche propriété foncière une part plus large qu'aucune autre assemblée de son temps ; puis, interrogé par un Anglais dans l'une de ces enquêtes familières où s'exerce et s'aguerrit le génie britannique, il ajoutait : « Vous voulez savoir mon opinion sur le scrutin de liste, la voici : l'avantage principal du scrutin de liste (je parle toujours d'un pays où la liberté politique est réelle) n'est pas d'empêcher la brigue, *the canvassing ;* car il se fait toujours d'une manière plus ou moins régulière un travail préparatoire pour former la liste générale des candidats et préparer l'élection. Les notables de chaque parti s'assemblent ou correspondent ; et de part et d'autre on arrête des listes qui sont ensuite distribuées à profusion aux électeurs. Il se fait là, en petit, un travail politique analogue à celui qui, aux États-Unis, précède l'élection du président. Les véritables avantages du scrutin de liste ont été pour nous : 1° de rendre le député plus indépendant de telle ou telle fraction du corps électoral. Élu par scrutin de liste, il n'a plus eu affaire qu'à l'opinion générale du département, et a pu, sans péril, négliger les intérêts particuliers d'un canton ou de quelques familles ; 2° le scrutin de liste a eu pour tendance d'élever le niveau des choix. Il est difficile de faire voter 100 ou 150,000 électeurs pour un homme qui ne soit pas très en vue. Il faut ou une grande notoriété nationale, ou du moins une grande notoriété départementale, pour fixer aisément les voix d'un si grand nombre de votants.

Les célébrités cantonales, les *illustrations de clocher*, comme nous disons en France, ont moins de chance pour se produire dans ce système que dans aucun autre[1]. »

M. de Tocqueville vivait dans la retraite, il allait y mourir, lorsqu'il écrivait ces lignes : il ne les eût pas désavouées si, au delà des fragiles prospérités de l'Empire, il avait pu apercevoir quelle Assemblée, vingt années après le coup d'État du 2 décembre 1851, au milieu de calamités affreuses, le scrutin de liste devait donner encore à la France.

VI

LE SCRUTIN DE LISTE, LOIN DE FAIRE OBSTACLE, EST UNE PRÉPARATION A LA FORMATION D'UNE MAJORITÉ ET A LA FONDATION D'UN GOUVERNEMENT.

Le grief, le principal grief qui retentit contre le scrutin de liste, c'est que, par les accommodements qu'il amène entre les partis, il ne laisse jamais se constituer une majorité fixe, majorité sans laquelle il ne saurait y avoir ni un gouvernement définitif ni un gouvernement libre.

A cela nous répondrons, que lorsqu'une société est profondément divisée comme la nôtre, une Assemblée, sortie de ses entrailles, quel que soit le mode de scrutin qui l'aura produite, devra porter la trace de ces divisions funestes; qu'elle ne serait plus, sans cela, qu'une représentation trompeuse, où l'uniformité résulterait de l'oppression, où la voix des minorités ne serait pas entendue, parce que, préalablement, elle aurait été étouffée.

Nous répondrons encore, après avoir déploré le mal de la division dans un pays, que le remède comme la ressource, à qui ne peut ni ne veut procéder par l'extermination sommaire, sont dans ces accommodements mêmes, dans l'esprit de transaction, de transaction équitable, de transaction contenue dans les limites du droit et de l'honneur.

Ce ne sont pas là des théories nées de nos jours, en des heures de lassitude et de doute, dans cette espèce d'usure morale que la

---

[1] Lettre à W.-R. Greg, esq., 27 juillet 1855. — Correspondance inédite d'Alexis de Tocqueville, tome II, p. 218.

fréquence des secousses imprime aux âmes les mieux trempées : elles sont le fruit, souvent amer, de la sagesse; elles tiennent à l'art de terminer les révolutions. Le seizième siècle était un âge de croyances violentes et farouches, il s'était abîmé dans la destruction et le carnage; tout sembla remis, lorsque l'aurore du siècle suivant, venant à se lever, fit voir aux côtés de Henri IV, tranquillement assis dans ses conseils, travaillant avec lui au bien de l'État, des hommes qui naguère s'étaient injuriés et persécutés jusqu'au sang : un capitaine huguenot, comme le duc de Sully; un bourgeois ligueur, comme le président Jeannin; un parlementaire politique, comme M. de Villeroy. Dénoûment bien facile et bien simple! Les générations qui nous ont précédés l'ont connu à leur tour, elles l'ont retrouvé, après un drame plus formidable, autour d'un petit-fils de Henri IV, qui, dans son esprit froid, piquant et vif, avait toutes les étincelles du bon sens dont était fait l'éblouissant génie de son aïeul. Le roi Louis XVIII réparait les désastres de l'Empire, ayant pour collaborateurs, dans le même ministère, un grand seigneur de l'ancien régime, comme le duc de Richelieu; un fonctionnaire éminent de Napoléon, comme M. Pasquier; un républicain revenu des chimères de la Gironde, comme M. Lainé; un soldat de l'armée de Condé, comme M. de Serre; un volontaire de 1792, un des glorieux compagnons de Marceau, de Kléber et de Hoche, comme le maréchal Gouvion Saint-Cyr.

Eh bien, nous osons affirmer que, par les compositions qu'avant la lutte il provoque, le scrutin de liste est un instrument efficace de cette politique de pacification : il tire les partis de leur isolement, où ils ne vivent guère que de venin et de fumée; il les met en face les uns des autres; il les contraint à se parler, à s'interroger, à se regarder avec des yeux moins aveugles, à voir plus clair au dedans de leurs propres pensées, à chercher, souvent à rencontrer, derrière le chaos de leurs prétentions et de leurs préventions, la moyenne, comme on dit aujourd'hui, le milieu, comme on disait autrefois, où leurs opinions puissent s'accorder en se respectant.

Et non-seulement le scrutin de liste a la vertu de rapprocher les partis faits pour s'entendre, mais il a l'effet, plus salutaire encore peut-être, de séparer par une infranchissable barrière les partis faits pour se combattre.

Dans le train journalier des Assemblées, au sein de l'atmosphère un peu factice qu'elles engendrent à la longue, il peut se former, il se forme entre les partis les plus contraires une sorte de promiscuité qui étonne et confond; une communauté de haines, de dépits, de rancunes, a fait cette mêlée malsaine. Toujours lamentables, ces phénomènes ne sont pas rares, ils se produisent aujourd'hui à

Versailles, comme ils se sont partout produits : considérez sur les
bancs du centre gauche tant de conservateurs éprouvés, tant de
gens notoirement dévoués à l'ordre, les représentants des plus beaux
souvenirs, les héritiers des noms les plus honorés de la monarchie
constitutionnelle ; et puis, non loin d'eux, veuillez observer ceux
qu'ils appellent ou laissent appeler l'autre aile de leur armée, ceux
dont ils se font leurs alliés pour ébranler la tente du loyal soldat,
sous laquelle s'est un instant réfugiée la France ! Nous ne citerons, au
hasard, que les plus saillants : celui-ci, M. Martin Bernard, est l'un
des survivants de ces émeutes du temps de Louis Philippe, que le
père de M. Casimir Périer, que MM. Thiers et de Rémusat répri-
mèrent avec une rigueur si juste ; celui-là, M. Louis Blanc, qui,
même sous l'administration du général Cavaignac, dut quitter son
pays pour attentat contre une Assemblée républicaine, se vanta un
jour d'avoir fait contre la société le serment d'Annibal ; auprès de
lui, c'est M. Ledru-Rollin qui, en 1849, mit M. Dufaure en accusa-
tion, et que M. Dufaure traduisit devant une haute cour ; son voisin,
M. Greppo, fut le seul de la Montagne de 1848 qui appuya de son
vote le fameux discours où M. Proudhon avait déclaré que la propriété était abolie en droit, et que si les débiteurs payaient encore
leurs dettes, c'était par une condescendance toute provisoire ; cet
autre, M. Naquet, fut condamné pour avoir écrit que l'institution
du mariage n'était qu'une corruption ; ce dernier, enfin, qui est ré-
puté le plus modéré, M. Gambetta, s'en allait, quelques mois après
le massacre des otages, dénoncer dans les campagnes *la lèpre dévorante du clergé*, comme s'il ne se doutait pas, dans son innocence,
que ces épouvantables semences, confiées à tous les sillons, pourraient lever dans le sang !

Y a-t-il, nous vous le demandons, dans tout cela, dans tous ces
éléments juxtaposés par la passion, matière à une transaction
politique quelconque ? Sortez de l'enceinte renfermée des Assemblées ; venez au grand air, au centre des populations, là où les
opinions ne se raffinent pas, où elles sont des habitudes et des
mœurs, où l'on voit vivre les doctrines qui, ailleurs, se professent :
ces accouplements monstrueux seraient-ils possibles encore, sur
une même liste électorale ? Ils ne trouveraient ni une élite pour les
proposer, ni une foule pour les sanctionner ; ils échoueraient devant une répugnance universelle.

Entre les conservateurs de toute origine, au contraire, ce qui
fait scandale, ce n'est pas l'alliance, c'est la guerre : au fond,
qu'est-ce qui les divise ? D'accord sur la même forme de société, ils
sont bien près de l'être sur le même mode de gouvernement. C'est
une douleur de voir se consumer en des déchirements sans merci

tant de braves gens, que des situations ou des traditions séparent, non des opinions. Enfants du même pays, leurs volontés sont communes; ils poursuivent par des moyens différents, qui par la monarchie, qui par la république, une fin semblable; à travers les voies diverses où les a engagés le hasard de leur naissance ou de leur fortune, ils n'ont tous qu'un objet au cœur : la paix! La paix après tant de fatigues et de bouleversements! la paix pour notre société française, qui date de 1789, et qui date aussi de quatorze siècles! la paix dans l'ordre et dans la liberté!

Dans les belles années de la Restauration, lorsque tous les biens promis par la Révolution semblaient acquis; lorsque, sous le sceptre de la grande famille incontestée, la France jouissait de ses institutions représentatives; qu'elle n'avait plus qu'à montrer un peu de patience, qu'à laisser mourir les vieillards égarés par leurs souvenir, qu'à se garder, comme le lui recommandait un politique[1], de la maladie du bonheur, il s'élevait des voix prophétiques pour rappeler aux partis, tout enivrés de ces bienfaits, la mesure et l'équité. « En examinant le fond des principes, écrivait M. de Chateaubriand devant le cercueil du duc de Berry, on s'aperçoit que ce qui nous divise réellement est peu de chose. On cherche moins, pour se combattre, à agir sur la raison que sur les passions[2]. » M. Royer-Collard disait à son tour : « Déjà peut-être on diffère plus par le langage que par les opinions, et par les opinions plus que par les sentiments[3]. » Ces graves avertissements n'ont pas été écoutés; ils se sont perdus dans les clameurs de nos discordes. La monarchie constitutionnelle a été renversée à deux reprises par ceux-là dont elle faisait l'honneur et le bonheur : la chute consommée, la postérité la plus voisine a eu peine à discerner ce qui avait pu animer si ardemment ces ennemis de la veille, devenus les vaincus de la même défaite; ils ne s'expliquaient pas eux-mêmes leurs fureurs passées. Le despotisme qui, pour leur gloire, les accablait tous, les avait tristement éclairés : tandis que les Grecs d'Homère luttaient dans la nuit les uns contre les autres, les plus illustres vétérans de nos combats parlementaires s'étaient frappés à coups redoublés en plein soleil; ils ne reconnurent leur dangereuse méprise que lorsque les ombres de la servitude couvraient la France. Puisse la leçon nous servir!... Un des plus brillants témoins des générations nouvelles, étranger aux amertumes de ses devanciers, M. Prévost-Paradol, résumait cette

---

[1] M. le baron Pasquier, à la Chambre des députés, session de 1815.

[2] *Mémoire touchant la vie et la mort de Mgr le duc de Berry*, par le vicomte de Chateaubriand, livre II, chap. XI.

[3] *Discours sur la septennalité*, en 1824.

leçon en quelques lignes : « On peut être indifféremment légitimiste
comme M. Berryer, orléaniste comme M. Thiers, ou républicain
comme le général Cavaignac : ce ne sont là que diverses façons de
vouloir et d'appliquer la même chose[1]. » Pensée ingénieuse et
utile ! De nos jours, dans notre société sceptique et pratique, les
principes ne valent plus, aux yeux des peuples, que par les
avantages qu'ils offrent et les services qu'ils rendent ; le triomphe
final est mis au concours entre les partis ; il appartient d'avance à
celui dont le principe saura le mieux assurer à cette société ce
qu'elle cherche obstinément depuis quatre-vingts ans : un ordre qui
ne soit pas l'affaissement dans la honte, et une liberté qui ne soit pas
une dévorante anarchie.

Que les conservateurs de tous les partis ne redoutent donc pas un
système électoral qui leur permettra de se connaître, de se concer-
ter, d'entrer plus profondément les uns dans les autres ; il y va de
notre salut à tous.

Déjà, sous la Restauration, M. de Serre représentait la bonne influence que, dans les élections par département, le scrutin de liste
peut exercer entre les partis ; émigré devenu libéral sans cesser
d'être royaliste, il était une noble image de la France réconciliée
avec elle-même. « Plus d'une fois, disait-il, le scrutin étonné a vu
sortir de la même urne les noms de deux rivaux politiques. Leur
carrière, leurs opinions avaient été diverses, peut-être même ils s'é-
taient combattus ; mais l'un et l'autre avaient aussi combattu pour
les vrais intérêts du pays ; l'un et l'autre avaient en diverses ma-
nières fait preuve de lumière, de conscience, de courage et de talents. C'est ainsi qu'indépendamment des nuances d'opinions, toutes
les notabilités réelles ont pu se faire jour jusqu'à cette Chambre :
tous les intérêts légitimes ont pu y être représentés[2]. »

Dans les assemblées républicaines de 1848 et de 1849, l'esprit de
transaction, que stimulaient tant de périls, fut plus marqué encore. Le scrutin de liste avait commencé ce qui, plus tard, sur la
brèche, se cimenta : rapprochés par leurs électeurs, un grand nombre d'hommes, rivaux, acteurs ou victimes dans nos révolutions,
formèrent une ligue du bien public ; ils firent la chaîne pour sauver
la société en feu ; ils fermèrent la longue lutte de l'Église et de l'Uni-
versité, par cette loi sur la liberté de l'enseignement que le P. La-
cordaire appelait l'édit de Nantes de notre siècle. C'était le temps où
M. Thiers s'écriait à la tribune : « J'ai tendu la main à M. de Montalembert, je la lui tends encore, et j'espère que, malgré la différence

----

[1] *Revue des Deux Mondes*, janvier 1863.
[2] Chambre des députés, séance du 23 mars 1819, en comité secret.

de nos points de vue, de nos origines, ma main restera dans la sienne pour la défense commune de cette société qui peut bien vous être indifférente, mais qui nous touche profondément[1]. » Souvenir que, loin d'effacer, il faudrait rajeunir ! France chrétienne qui, depuis un quart de siècle, vois tes enfants, par milliers, grandir sous la bénédiction du prêtre, pour se répandre ensuite dans nos armées, sur nos flottes, dans toutes les professions de notre société, n'oublie pas les hommes qui, dans des jours d'orage, ont conquis pour toi ce trésor : Mgr Dupanloup, M. de Falloux, M. de Montalembert, et avec eux M. Thiers dont les obscurités de l'heure présente ne peuvent voiler les anciens services ! La reconnaissance est la vertu et la joie des gens de bien.

Et si, descendant jusqu'aux épreuves sans nom où nous sommes tombés, nous arrivons à l'Assemblée de Versailles, sera-t-elle la condamnation, ne sera-t-elle pas plutôt la justification du scrutin de liste?

Ce n'était pas dans un entraînement inconsidéré, c'était avec une sorte de lucidité intérieure, pareille à celle qui, sous les grands coups de Dieu, se produit dans l'âme, c'était par l'instinct d'une vérité profonde, qu'aux élections du mois de février 1871, la France vaincue, foulée aux pieds, devenue la nation en deuil et en sang, confondait sur ses listes les honnêtes gens de tous les partis honnêtes : légitimistes et orléanistes, anciens ministres, anciens députés, anciens fonctionnaires de Napoléon III, qui, sous l'Empire, avaient loyalement servi l'État, défenseurs de la république qui, plus haut qu'elle, avaient mis leur conscience et leur pays. Et à tous ces hommes qu'elle avait été chercher dans les camps les plus divers, pour les réunir ensemble, la France, leur vieille mère à tous, semblait dire : « Allez! devant l'immensité de mes malheurs, reconnaissez la vanité de vos querelles ! Elles étaient l'amusement de vos heures d'insouciante prospérité. Vous n'avez rien à vous reprocher les uns aux autres; vous avez tous commis des fautes, tous peut-être péri par vos excès; tous aussi vous portez en vous une portion de justice et de bonté. Faites donc un gouvernement qui vous emprunte à chacun le titre par lequel vous vous recommandez à la confiance ; un gouvernement qui vous prenne à chacun votre vertu ; un gouvernement vraiment national, où, sur la ruine de tous vos partis, à la fois satisfaits et désarmés, il n'y ait plus de visible que la Patrie. »

L'Assemblée de Versailles n'a pas été infidèle à la pensée de la

---

[1] Discours prononcé à l'Assemblée législative, le 18 janvier 1850, dans la discussion de la loi sur la liberté de l'enseignement.

France : qu'on se garde de la juger par ses divisions d'aujourd'hui ; avec le temps, avec les déboires et les mécomptes, les aigreurs sont venues, les passions se sont envenimées de tous les côtés ; tous les partis ont eu la même imprévoyance, ils ont rendu ennemis ceux qu'ils traitaient comme tels.

A peine réunie, l'Assemblée de Versailles, cette Assemblée dont l'immense majorité était manifestement monarchique, élisait pour président un républicain que désignait l'estime, M. Grévy ; indiquant ainsi qu'elle repoussait d'avance tout gouvernement étroit et précaire où les bons citoyens de toute origine n'auraient point place.

Même entre les mains expérimentées de M. Thiers, même au milieu de merveilles de réorganisation matérielle accomplies, la république donna son fruit naturel : elle aboutit à ces élections des mois d'avril et de mai 1875, qui montrèrent partout, dans les villes et dans les campagnes, avec l'évocation des plus sinistres souvenirs de la Commune, l'avènement légal et prochain de la démagogie ; comme s'il devait être établi que la république était incompatible avec notre société, que l'excellence de l'ouvrier ne pourrait triompher des vices de l'instrument, et que la logique des choses l'emporterait toujours sur la raison des hommes !

Alors l'Assemblée de Versailles tenta cette monarchie qu'elle croyait meilleure pour la patrie ; elle voulut la faire, sans faux systèmes, sans prétentions excessives, conforme au vieux génie et aux besoins présents de la France, acceptable pour tout le monde, pour les plus élevés comme pour les plus humbles : monarchie traditionnelle et constitutionnelle tout ensemble, qui assurerait l'ordre dont l'Empire n'a jamais présenté que la grossière amorce, et la liberté dont la république n'a jamais agité que le fantôme menteur ; monarchie qui ne serait ni l'ancien régime, ni la révolution, mais la société moderne consolidée ; où sur le tronc vénérable du passé se grefferaient tous les développements légitimes des institutions nécessaires ; où les fleurs de lys de Bouvines, de Marignan et de Fontenoy s'épanouiraient sur le drapeau de Fleurus, d'Iéna et de Gravelotte ; monarchie dont M. Thiers, d'accord avec l'élite des esprits de notre siècle, avait dit même avant 1830 : « C'est la vraie royauté, c'est aussi la vraie république, mais sans ses orages[1] ; » monarchie où tout homme d'honneur pourrait entrer, la tête haute, sans se baisser, sans se renier, retrouvant consacré ce qu'il avait aimé toujours, *en pleine possession de sa dignité personnelle*[2], comme disait si bien M. Berryer ;

[1] Article du *National*, en 1830.
[2] Assemblée législative, séance du 15 janvier 1851.

monarchie enfin qui serait, comme l'annonçait une autre voix éloquente[1], l'œuvre durable et réfléchie d'une grande réconciliation nationale !

Certes, c'était là un effort magnanime : elle brille, elle mérite de briller à jamais dans le ciel, si souvent noir, de l'histoire, cette nuit étoilée du 4 août 1789, où, saisis du plus pur enthousiasme, les représentants de la noblesse, du clergé, des villes, sacrifièrent sur l'autel de la Patrie, aux pieds de la Justice, leurs priviléges. L'Assemblée moins retentissante, qui remplace à Versailles celle où siégea Mirabeau, a-t-elle offert un spectacle moins magnifique, le jour où, touchés des maux de la France, près de quatre cents députés, longtemps étrangers les uns aux autres, abaissèrent devant le devoir commun leurs passions particulières, laissèrent là leurs divisions, immolèrent avec simplicité ce qui tient plus aux cœurs, même les plus délicats, que de futiles priviléges, leurs souvenirs, leurs griefs, leurs ressentiments, toutes les haines amoncelées de nos dissensions civiles ?

Ce beau rêve de bons Français, cette grande vision de paix, de liberté dans l'ordre, de repos dans l'honneur, ne se sont montrés un instant aux regards que pour se dissiper plus vite encore ; le port entrevu n'a été qu'un mirage, bientôt évanoui. C'en était fait ! Le vaisseau allait aborder, le vieux rivage aimé des siècles apparaissait, les mains étaient tendues ; plus haut que les folles clameurs, une voix sortie de la raison publique criait : Terre ! terre ! Un mauvais vent a soufflé, la terre ferme s'est dérobée, la France a été rejetée dans la tempête, et le pauvre et glorieux vaisseau a repris courageusement sa route dans l'inconnu.

Que ceux-là, du moins, qu'a trahis la fortune, ne se repentent pas : ils ont bien agi, ils ont donné un salutaire exemple ; ils savaient que, pour le donner, ils essuyeraient l'ingratitude et l'impopularité, ils ont passé outre, ils ont persisté à vouloir ce que tous les meilleurs Français avaient voulu avant eux. Quoi qu'il advienne, la postérité leur sera clémente ; même sous le poids de toutes les amertumes, à travers les incertitudes les plus mêlées de nos révolutions, ils pourront avouer encore, avouer toujours le généreux dessein qu'ils avaient conçu, car il était digne de la France.

Qu'est-ce que l'avenir nous garde ? Mystère qui va s'épaississant de plus en plus ! Si de nos accablements, de nos chutes, de tant d'espérances trompées et d'entreprises échouées, il doit s'élever, pour notre châtiment, quelque despotisme proportionné à notre déca-

---

[1] Discours de M. le comte de Falloux, au comice agricole de Segré, octobre 1873.

dence, celui-là, nous le reconnaissons, n'aura pas besoin de transiger : à quoi bon rallier les intelligences? Il ameutera tous les appétits, il broyera dans la même poussière les honnêtes gens qui auront refusé de s'unir, ne laissant aux âmes fières, consternées, mais non effrayées de son ignominieux triomphe, que l'inexprimable jouissance de le mépriser.

Mais si Dieu a pitié de la France, de son vieil honneur, de ses héroïques combats, de ses immenses souffrances ; s'il lui accorde de reposer enfin ses destinées chancelantes sous un gouvernement raisonnable, ce gouvernement, quel qu'il soit, république modérée, ou bien, comme nous le préférerions par réflexion et patriotisme, monarchie tempérée, ne pourra naître et vivre que par une transaction continue, il sera un traité de paix entre tous les honnêtes gens ou il ne sera pas.

Près de finir ces pages, nous tenons à répéter encore que, si dans les circonstances où nous sommes, le scrutin de liste par circonscriptions nous semble une arme de défense plus favorable aux conservateurs, c'est-à-dire à la société elle-même, que le scrutin d'arrondissement, il ne saurait suffire à nos périls.

Le mal est ailleurs, il gît tout entier dans les conditions présentes du suffrage universel.

Lorsqu'il y a quelques mois, le rétablissement de la monarchie était probable, ses adversaires s'évertuaient à dire qu'avec le suffrage universel elle n'était pas possible, qu'elle ne tiendrait pas un jour : ils avaient raison, plus grandement raison qu'ils ne pensaient; la puissance de destruction qu'ils réclamaient pour leur protégé, dépasse de beaucoup celle dont ils se targuaient. Avec le suffrage universel tel qu'il se comporte, ce n'est pas un gouvernement qui est menacé, c'est tout gouvernement ; l'épargne du pauvre n'est pas plus en sûreté que le capital du riche; la borne de tous les héritages, la pierre du plus modeste foyer, tout tremble comme le trône le plus ancien et le plus solide.

C'est une témérité sans égale, vraiment inouïe dans les annales du monde, que de commettre le dépôt de la société au nombre, c'est-à-dire à une tyrannie aveugle et capricieuse qui, peut-être, ne s'estime pas intéressée à maintenir cette société dans ses fondements éternels. Le suffrage universel arrivera-t-il jamais à un âge de raison ? Se débrouillera-t-il de cet état brut et sauvage où nous le connaissons, sorte d'élément tour à tour enchaîné et déchaîné, aujourd'hui semant l'épouvante au milieu des esprits les plus fermes et des populations les plus inoffensives, demain immobile et muet sous la verge d'un César que, tôt ou tard, il dévore? Pourra-t-il devenir un être intelligent et libre, un être qui sait ce qu'il fait et ce qu'il défait, une force ayant conscience d'elle-même, *vis sui conscia*, à l'image de l'homme que Leibnitz définissait par cette formule si brève et si pleine? Question obscure, dont dépendent le sort de chacun de nous et le sort de notre pays.

De toutes les combinaisons qu'a remuées le zèle le plus inventif, le plus dévoué au bien public, pour résoudre ce problème vital, la meilleure, à nos yeux, serait celle qui donnerait pour correctif et contre-poids au suffrage universel la représentation universelle. Que le nombre règne; mais qu'il ne règne pas sans partage! Que, sous la réserve des conditions d'âge et de domicile, tous les citoyens votent; mais qu'ils ne votent pas en bloc, pêle-mêle, les uns perdus dans les autres, abstraction faite de toute qualité, de toute capacité, de toute variété d'intérêts et d'aptitudes! Cette distinction naturelle, qu'un homme sensé rougirait de nier, a reçu la sanction de toutes les sociétés qui ont voulu rester viables, elle a mis sa marque dans toutes les législations, depuis les anciennes centuries de Rome jusqu'aux catégories actuelles de l'Allemagne, depuis les corps des arts et métiers de la démocratique Florence jusqu'aux différents ordres de toutes les monarchies de l'Europe. Comment l'introduire dans notre France nivelée? Nous inclinons à penser qu'elle trouverait son application la plus facile et la plus sûre dans la proposition développée par un membre de la Commission des lois constitutionnelles, M. Charles de Lacombe, devant ses collègues : proposition qui tendait à créer dans chaque département, à côté du centre électoral ordinaire où le suffrage universel parlerait tout seul par le droit du nombre, un autre centre électoral, moins tumultueux, mais non moins populaire, où la parole serait réservée à tout cet ensemble de fonctions, de supériorités, d'intérêts collectifs que, loin de récuser, le principe même de l'égalité devant la loi enfante ou sauvegarde. Ce serait le grand collége de la Restauration, cessant d'être l'apanage exclusif de la riche propriété foncière, désormais ouvert à tous les mérites reconnus et à toutes les forces constituées d'une démocratie : rappelons que, dès 1819, cette conception politique avait eu pour promoteurs deux hommes éminents, deux sages, qu'il faudrait plaindre les libéraux de nos jours de ne pas saluer comme des ancêtres, M. de Serre et le duc Victor de Broglie; M. de Villèle s'y rallia l'année suivante, lorsque, ayant étudié la France telle que la Révolution l'avait faite, il ne l'eut pas jugée mûre pour l'organisation du suffrage à deux degrés.

Notre société moderne, cette société qui, malgré ses misères et ses ombres, est encore la plus bienfaisante, la plus humaine, la plus chrétienne qu'ait éclairée le soleil, repose sur la justice : défendre l'une, c'est protéger l'autre; elles ont besoin d'être armées contre cette souveraineté du nombre, dont elles ne relèvent pas; il faut, comme au moyen âge, les hérisser de droits et de garanties. Si l'Assemblée échouait dans cette tentative suprême, si elle ne parvenait pas à mettre la moralité dans le suffrage universel, si, contenue et soutenue tout ensemble par le tempérament d'institutions fermes, la masse de la nation n'arrivait pas à comprendre que notre civilisation est bonne, que tous les intérêts sont solidaires, que ce qui frappe l'un atteint l'autre, que les grands coups d'iniquité qui bouleversent la demeure du riche jettent la désolation et la ruine alentour, oh! alors, tout serait à craindre, et nous n'aurions plus qu'à descendre dans des calamités et des opprobres du fond desquels émergerait peut-être, longtemps après nous, quelque monstrueux avenir, quelque forme amoindrie et déshonorée de société.

PARIS. — IMP. SIMON RAÇON ET COMP., RUE D'ERFURTH, 1.